Minimalismus im Kleiderschrank

Entrümpeln und den eigenen Stil finden

PIA MESTER

Umschlagbild: © Lorelyn Medina - Fotolia.com
Blog der Autorin: www.malmini.de
Twitter: www.twitter.com/Wuuuuusel
Kontakt: p.mester@gmx.de
ISBN: 1502749416
ISBN-13: 978-1502749413

Über die Autorin:
Pia Mester ist Freie Journalistin und lebt im Sauerland. In ihrem Blog www.MalMini.de beschäftigt sie sich mit Minimalismus, Downshifting, Upcycling und Konsumverhalten.

INHALTSVERZEICHNIS

Minimalismus im Kleiderschrank

1
SECHS GRÜNDE FÜR EINEN MINIMALISTISCHEN KLEIDERSCHRANK

Als Kind habe ich einmal einen Film gesehen, der von einer Magd handelte, die vor hundert Jahren auf einem Bauernhof arbeitete. Im Herbst wurden dort die Schafe geschoren und sie bekam ein wenig Wolle geschenkt. Die Magd färbte die Wolle, spann sie zu Fäden und strickte sich daraus einen Pullover, der sie den ganzen Winter über warm hielt. „Die Frau hat nur einen einzigen Pullover?!" staunte ich. Angesichts meines bereits damals gut gefüllten Kleiderschrankes konnte ich mir nicht vorstellen, wie man mit so wenigen Kleidungsstücken auskommen kann. Gleichzeitig fand ich es erstaunlich, wie viel Arbeit die Magd in die Anfertigung ihres Pullovers gesteckt hatte.

Heute tragen wir nicht einen Pullover den ganzen Winter über, sondern jeden Tag der Woche, manchmal des Monats, einen anderen. Kleidungsstücke sind zur Wegwerfware geworden, deren Kauf uns oft mehr Freude bereitet als das spätere Tragen. Shoppen ist eine beliebte Freizeitbeschäftigung. Unsere Beute verstopft anschließend unsere Schränke. Trotz des Überflusses an Kleidern sind wir mit unserer Garderobe aber nicht zufrieden. Entweder finden wir nichts zum Anziehen, weil wir uns nicht für eines unserer vielen Outfits entscheiden können, oder es plagt uns das schlechte Gewissen, weil schöne, einst teure Stücke ungetragen im Schrank verstauben. Der Anblick des geöffneten Kleiderschrankes ist uns unangenehm, weil wir die meisten Hosen, Blusen, Shirts und Jacken angesichts des mangelnden Platzes in irgendwelche Fächer gequetscht haben.

Minimalisten kennen diese Probleme nicht. Ihre Garderobe ist übersichtlich, aufeinander abgestimmt und qualitativ hochwertig. Sie muss nicht ständig ersetzt oder erweitert werden. Und dafür gibt es gute Gründe:

1. Weniger Kleider bedeuten mehr Platz im Schrank: Viele Menschen kaufen sich größere Kleiderschränke und zusätzlichen Stauraum wie Kommoden, wenn in ihren normalen Schrank nichts mehr hineinpasst. Das ist allerdings der falsche Lösungsansatz. Aber stellen Sie sich einmal vor, wie es ist, wenn Sie die Türen Ihres Kleiderschrankes öffnen und neben den geordneten Bügeln auf der Stange noch jede Menge Platz ist. Ihre Shirts liegen ordentlich gestapelt übereinander, jede Hose ist zu sehen und auch Ihre Schuhe und Handtaschen passen noch in den Schrank. Enge beengt, und zwar nicht nur physisch, sondern auch psychisch. Viel Platz hingegen befreit und beruhigt.

2. Kleider kosten Geld: Überlegen Sie einmal, wie viel Geld Sie für die Anschaffung all Ihrer Röcke, Strickjacken, Halstücher und Pumps ausgegeben haben. Auch wer gerne günstig einkauft gibt in der Summe viel zu viel Geld für Kleidung aus, die er dann doch nicht anzieht. Diese ungeliebten Schrankleichen später wieder zu verkaufen erweist sich als schwierig: Entweder möchte sie niemand haben oder man erhält nur einen Bruchteil dessen zurück, was man einst für sie bezahlt hat. Die richtige Kleidung zu kaufen und auf unnötige zu verzichten spart also bares

Geld.

3. Nie mehr „nichts zum Anziehen“: Eine durchdachte Garderobe nimmt Ihnen die Planung Ihres Outfits ab. Je mehr Kombinationsmöglichkeiten Ihre einzelnen Kleidungsstücke bieten, desto weniger brauchen Sie. Der Grundgedanke einer minimalistischen Garderobe ist der, dass alle Stücke zusammen passen und ein Outfit durch Accessoires schnell verändert werden kann.

4. Sie fühlen sich besser: Einige Kleidungsstücke ziehen wir nur an, weil uns das schlechte Gewissen überkommt, wenn wir sie auf dem Bügel verstauben sehen. Also zwängen wir uns in Blusen, an denen die Knöpfe spannen, Hosen, die zu tief sitzen, Jacketts, die an den Schultern schlabbern. Richtig gut fühlen wir uns darin aber nicht. Eine minimalistische Garderobe hingegen besteht nur aus Teilen, in denen man sich wohlfühlt, die passen und ihrem Träger stehen. Viele Menschen empfinden es außerdem als Erleichterung, wenn sie weniger Kleidungsstücke zur Auswahl haben.

5. Mehr Zeit: Kleidung kostet Zeit. Es braucht Zeit, sie zu finden und zu kaufen, sie zu verstauen und zu pflegen. Wie viele Minuten machen wir uns außerdem jeden Morgen Gedanken darüber, was wir anziehen sollen? Wie lange stehen wir vor dem Schrank und überlegen, welche Schuhe zu diesem Rock passen? Ganz zu schweigen von den Urlaubsvorbereitungen. Die gute Nachricht: Wer nicht viele Kleidungsstücke besitzt, hat den Koffer schneller gepackt.

6. Umwelt und Produktionsbedingungen: Viele Modeketten lassen ihre Produkte in Drittländern produzieren, damit sie bei uns so günstig wie möglich verkauft werden können. Dabei ist die Rechnung einfach: Was hier billig angepriesen wird, kann nicht zu fairen Bedingungen hergestellt worden sein. Immer wieder hört man von Unglücken in Textilfabriken, von den unmenschlichen Arbeitsbedingungen dort. Dieser Zustand ändert sich erst, wenn der Verbraucher auf den Kauf solcher Klamotten verzichtet. Auch die Umwelt leidet unter unserem ausufernden Konsum. Jedes Produkt muss hergestellt werden. Dabei werden Ressourcen verbraucht, die nicht wieder ersetzt werden können. Die Produktion eines T-Shirts verbraucht 2700 Liter Wasser. Weniger Kleidungsstücke zu kaufen und ihre Lebensdauer zu verlängern wirkt sich also unmittelbar auf die Umwelt aus.

Minimalistisch zu leben bedeutet, dass man mit so wenig wie möglich so viel wie nötig erreicht. Darum gibt es für die Größe der eigenen Garderobe auch kein pauschales Limit. Einige Menschen kommen mit zehn Kleidungsstücken aus, andere benötigen 300, um im Alltag richtig gekleidet zu sein. Wie viele Sie benötigen, hängt also ganz von Ihren Bedürfnissen ab. Wenn Sie jedoch das Gefühl haben, dass Sie vom Inhalt Ihres Kleiderschrankes erdrückt werden, dann lesen Sie weiter.

2
VORBEREITUNG

Sie haben bereits die Mülltüten aufgeschüttelt und sind ganz wild darauf, mit der Entrümpelung Ihres Kleiderschrankes zu beginnen? Warten Sie noch einen Moment. Bevor Sie Ihre Kommoden leeren, sollten Sie sich zunächst ein paar Gedanken über Ihre spätere Wunschgarderobe machen. Sonst landen womöglich Klamotten im Müll, für die Sie eigentlich noch eine Verwendung haben. Oder noch schlimmer: Es bleiben zu viele Stücke auf der Stange hängen.

Stellen Sie sich zunächst die Frage, für welche Situationen Sie welche textile Ausrüstung brauchen. Beginnen Sie beim Arbeitsleben. Vom Angestellten einer Bank wird in den meisten Fällen erwartet, dass er im Anzug und sie zumindest in Bluse und Stoffhose zur Arbeit erscheint. In einigen Berufen ist ein Businessoutfit unerlässlich, das natürlich nicht jeden Tag dasselbe sein sollte. Ganz anders sehen die Anforderungen an jemanden aus, der im Homeoffice ohne persönlichen Kundenkontakt arbeitet. Es soll in dieser Berufsgruppe sogar Menschen geben, die im Pyjama arbeiten. Die

Arbeitskleidung eines Landwirtes unterscheidet sich von der eines Notarztes, eine Professorin stylt sich anders als eine Grundschullehrerin.

Die Arbeitswoche ist rum, jetzt haben Sie das Wochenende frei und möchten die Zeit für Ihre Hobbies nutzen. Auch hier ist oft besondere Kleidung erforderlich. Wenn Sie malen, gerne im Garten arbeiten oder Paintball spielen, brauchen Sie Klamotten, die dreckig werden können. Dafür genügt ein Outfit, wenn Sie Ihr Hobby öfter ausüben auch ein zweites, um das andere zwischendurch zu waschen. Vielleicht hat es Ihnen aber auch eine Sportart angetan, für die spezielle Kleidung erforderlich ist: Wanderschuhe, Badeanzüge, Fahrradshorts oder Fußballschuhe gehören dann unbedingt zu Ihrer Garderobe dazu.

Besondere Anlässe verlangen meistens nach besonderen Gewändern: Schick für die Hochzeit, ganz in Schwarz für die Beerdigung, bunt für die Karnevalsfeier und professionell für das Vorstellungsgespräch. Mehrere Fliegen mit einer Klappe schlägt, wer sich Kleidung kauft, die sich leicht umstylen lässt. Ein Beispiel für die Frau ist das „Kleine Schwarze“: Mit auffallendem Schmuck oder einem bunten Schal passt es zur Hochzeitsfeier, ohne Accessoires und mit einer blickdichten Strumpfhose zur Beerdigung, kombiniert mit einem Jackett lässt sich damit auch das Vorstellungsgespräch spielend bewältigen. Und wer wollte an Karneval nicht schon immer als Audrey Hepburn gehen? Eine Perlenkette und lange Handschuhe übergestreift und fertig ist der Hollywood-Look. Genauso vielfältig einsetzbar ist der schwarze Anzug beim Mann. Mit verschiedenen Hemden und Krawatten getragen sieht er immer wieder anders aus. Und die „Men in Black“ (einfach eine Sonnenbrille aufsetzen) sollten bei keiner Faschingsfeier fehlen. Überlegen Sie sich also vor der Umgestaltung Ihrer Garderobe, welche besonderen Anlässe in den nächsten Jahren auf Sie zukommen könnten und wie Sie diesen begegnen wollen. Scheuen Sie sich außerdem nicht davor, ein und dasselbe Outfit zu verschiedenen Anlässen zu tragen. Ein neues Accessoire oder eine besondere Frisur werden dafür sorgen, dass Ihr Standardkleid immer wieder neu wirkt.

Ihre Freizeitkleidung wird Sie vor besondere Herausforderungen stellen. Denn hier können Sie sich austoben, hier zeigt sich Ihr persönlicher Stil. Eventuell sind Sie sich Ihres Kleidungsstils noch nicht ganz sicher. Orientieren Sie sich zunächst daran, welche Ihrer Kleidungsstücke Sie gerne und oft anziehen. Das sehen Sie zum Beispiel daran, welche Teile Sie am häufigsten waschen.

Kennen Sie das Pareto-Prinzip? Es besagt, dass wir 80 Prozent unserer Arbeit in 20 Prozent der dafür aufgewendeten Zeit schaffen. Umgekehrt benötigen wir für die fehlenden 20 Prozent der Arbeit 80 Prozent unserer Zeit. Dieses Prinzip lässt sich auch auf den durchschnittlichen Kleiderschrank anwenden: 20 Prozent unserer Kleidungsstücke tragen wir in 80 Prozent unserer Zeit. Die restlichen 80 Prozent der Garderobe dürfen nur in 20 Prozent unserer Zeit ans Tageslicht. Wenn Sie also nur diese gern getragenen 20 Prozent Ihres Kleiderschranks ausfindig machen können, dann sind Sie auf dem richtigen Weg. Schauen Sie sich die Stücke an, die Sie häufig anziehen und überlegen Sie, was Ihnen daran so gut gefällt: Ist es die Farbe, der Schnitt oder das Material? Suchen Sie nach einem gemeinsamen Nenner. Daran können Sie sich orientieren, wenn es nach dem Entrümpeln daran geht, Ihre Garderobe neu aufzubauen.

3
JETZT WIRD ES ERNST: ALLES MUSS RAUS AUS DEM SCHRANK

Der große Tag ist gekommen – ja, der Tag, denn so viel Zeit sollten Sie mindestens einplanen: Sie misten endlich Ihren Kleiderschrank aus, und zwar komplett. Machen Sie fetzige Musik an und freuen Sie sich auf das tolle Gefühl, wenn Sie es geschafft haben.

Eins vorneweg: Es geht nicht darum, Kleidungsstücke aus Ihrem Besitz zu entfernen, sondern sich bewusst dafür zu entscheiden, welche Teile ein Recht auf den Platz in Ihrem Schrank bekommen. Dieser Platz ist kostbar und Sie sind der Wächter darüber, welches Stück die Schranktüren passieren darf und welches nicht. Behalten Sie diesen Gedanken in den nächsten Stunden immer im Hinterkopf.

Beginnen sollten Sie damit, alle Kleidungsstücke, Schuhe, Taschen und Accessoires zusammenzutragen und sie auf dem Bett oder dem Boden auszubreiten. Und mit alle meine ich alle: Auch die Gummistiefel im Keller, die Winterjacken auf dem Dachboden und die Socken, die noch auf der Wäscheleine hängen. Nur so bekommen Sie einen Überblick darüber, wie viel Sie wirklich besitzen. Sehr viel, richtig? Keine Sorge, das ändern wir ja jetzt.

Dann besorgen Sie sich drei große Kisten und eine Mülltüte. In der Mülltüte landen später alle Stücke, die wirklich nicht mehr zu retten sind und die auch niemand mehr anziehen möchte. Die Kisten beschriften Sie mit „Verschenken/Verkaufen", „Weiß noch nicht" und „Zurück in den Schrank". Jetzt fangen Sie an zu sortieren: Die Kleider, die Sie gerne und oft tragen, gehören natürlich zurück in den Schrank. Stücke, die offensichtlich kaputt sind, kommen in die Mülltüte. Wahrscheinlich finden Sie auch auf Anhieb das eine oder andere Shirt, dass kaum getragen wurde. Dieses gehört dann in die Verschenken/Verkaufen-Kiste. Wenn diese drei Behälter gefüllt sind, werden Sie vor einem Berg an Kleidungsstücken stehen, mit denen Sie nichts anzufangen wissen. Das ist der Vielleicht-Stapel, auf dem alle Teile liegen sollten, die Sie mindestens ein Jahr lang nicht mehr getragen haben. An diesem Punkt kommt die Modenschau ins Spiel.

Nehmen Sie sich jedes dieser Stücke einzeln vor. Probieren Sie es an, stellen Sie sich damit vor den Spiegel und prüfen Sie kritisch, ob es noch zu Ihnen passt. Vielleicht steht Ihnen die Farbe einfach nicht oder die Hose oder das Kleid zwickt an einigen Stellen. Um sicher zu gehen sollten Sie jemanden um seine Meinung bitten. Ich selber besaß einmal ein Hemd, das toll saß und auch toll aussah, aber an den Schultern einfach zu eng war. Immer, wenn ich meine Arme nach vorne streckte, hatte ich Angst, dass es am Rücken aufreißt. Sie müssen sich in jedem Ihrer Kleidungsstücke wohlfühlen. Vielleicht liegt es nur an einer Kleinigkeit, dass Ihnen das bei einem Exemplar nicht gelingt. Wenn sich der Mangel sofort ausfindig machen und leicht beheben lässt, dann legen Sie das Stück in den Schrank zurück. Aber Achtung: Sollten Sie die Reparatur oder den Gang zum Schneider nicht innerhalb einer gewissen Zeit erledigt haben, wird auch dieses Stück entsorgt.

„Das war verdammt teuer!“ „Das habe ich getragen, als mein Freund mich zum ersten Mal geküsst hat.“ „Ein Geschenk von Oma, das kann ich doch nicht wegwerfen!“ Solche oder ähnliche Gedanken werden Ihnen beim Anprobieren der Vielleicht-Teile durch den Kopf gehen. Keiner davon darf als Grund dafür herhalten, das ungetragene und ungeliebte Teil wieder in den Schrank zu legen, wo es weiter vor sich hin staubt. Wenn Sie einen minimalistischen Kleiderschrank haben wollen, müssen Sie sich von solchen Denkweisen verabschieden. Es zählt einzig und allein, welche Kleidungsstücke ihren Zweck erfüllen: Nämlich den, Sie gut aussehen zu lassen. Und das geht nur, wenn Sie sich in dem Stück wohlfühlen. Auch wenn die Markenjeans kein Schnäppchen war: Solange Sie sie nur im Liegen anziehen können und danach das Atmen schwer fällt, hat sie in Ihrer Garderobe nichts verloren.

Wenn Sie sich nicht sicher sind, welche Kleidungsstücke Sie behalten sollen, orientieren Sie sich an dieser Checkliste. Jedes Stück sollte alle Kriterien erfüllen:

1. Es passt perfekt und steht Ihnen: Wenn das Teil nur an einer Stelle kneift, die Farbe Sie blass aussehen oder der Schnitt Ihre Figur unvorteilhaft wirken lässt, dann sollten Sie es nicht behalten.

2. Es ist von guter Qualität: Prüfen Sie bei jedem Teil die Qualität des Stoffes und die Verarbeitung. Stücke, die bereits nach ein paar Wochen und Waschgängen hinüber sind, werden Ihnen nicht lange Freude bereiten. Weg damit!

3. Sie lieben es: Fragen Sie sich bei jedem Ihrer Kleidungsstücke: Liebe ich es oder gefällt es mir nur? Nur Teile, die Sie wirklich lieben, dürfen weiter in Ihrem Kleiderschrank bleiben.

4. Es ist vielseitig tragbar: Fallen Ihnen spontan drei Kleidungsstücke ein, mit denen Sie das Teil kombinieren können? Können Sie es auf verschiedene Arten tragen, etwa mit einem Gürtel, geknotet, gekrempelt? Dann können Sie es guten Gewissens behalten.

5. Sie fühlen sich wohl darin: Auch wenn das Stück alle anderen Kriterien erfüllt, Sie sich dennoch darin aus irgendeinem Grund nicht wohlfühlen, dann geben Sie es weg. Letztlich sollten Sie alle Ihre Kleidungsstücke gerne und oft tragen. Alle, was dem im Wege steht, ist ein Ausschlusskriterium.

Aus dem Vielleicht-Stapel dürfen nur Teile wieder zurück in den Schrank, die diese Kriterien erfüllen. Das ist leichter gesagt als getan. Kleidungsstücke, bei denen Sie sich überhaupt nicht entscheiden können, legen Sie in die Vielleicht-Kiste. Diese stellen Sie auf den Dachboden oder in den Keller (der natürlich trocken sein sollte) und warten ein Jahr. Haben Sie innerhalb von zwölf Monaten keines der Stücke aus der Kiste genommen und getragen, können Sie deren gesamten Inhalt bedenkenlos verschenken oder verkaufen. Sie werden sehen, dass Ihnen dieser Schritt dann viel leichter fällt.

Die Klamotten sind versorgt, widmen wir uns jetzt also den Schuhen, Taschen und Accessoires.

Schuhe: Orientieren Sie sich auch hier an der Checkliste. Hinzu kommt noch ein weiteres, wichtiges Kriterium: Was schmerzt, kommt weg. Es soll Frauen geben, die in hochhackigen Pumps meilenweit laufen können. Wenn Sie dazu gehören, behalten Sie Ihre Stilettos. Wenn nicht: Ab damit in die Verkaufen/Verschenken-Kiste oder in den Müll. Dort hinein gehören auch Schuhe, die sich mit Ihren Kleidungsstücken kaum kombinieren lassen. Ich denke da an sehr bunte, pailletten- oder fellbesetzte Treter, die vielleicht im Schaufenster schön aussahen, aber nicht an Ihren Füßen. Das oberste Ziel einer minimalistischen Garderobe ist es, dass alle Teile miteinander kombinierbar sind. Weigert sich ein Schuh da mitzuspielen, hat er in Ihrem Schrank nichts mehr zu suchen. Ebenso verhält es sich mit Taschen und Accessoires. Überlegen Sie genau, wann Sie den Seidenschal mit dem Leopardenmuster zuletzt ausgeführt haben. Noch nie? Na sehen Sie! Dezente Stücke kommen viel öfter zum Einsatz und haben daher auch das Recht, ein Teil Ihrer Sammlung zu sein. Auch bei Taschen und Accessoires wie Schmuck, Tüchern, Hüten, Gürteln und Ähnlichem gilt: Was seit einem Jahr nicht benutzt wurde, können Sie getrost beseitigen.

Es ist mittlerweile Abend geworden. Der Müllsack steht kurz vorm Platzen, die Kisten bekommen Sie kaum geschlossen und Ihnen ist ganz leicht ums Herz. Bevor Sie jetzt Ihre auserwählten Schätze wieder in den Schrank räumen, wischen Sie diesen einmal gründlich aus. Wann hat man schon die Gelegenheit dazu? Dann legen Sie für jede Kleiderkategorie einen Platz fest. Beispielsweise bekommen Ihre T-Shirts ein Fach, Röcke und Anzüge hängen auf dem Haken, Socken kommen in eine Schublade ebenso wie Unterwäsche. Ganz hinten sollten die Teile liegen, die entweder gerade keine Saison haben, also Winter- oder Sommersachen, oder die Sie seltener anziehen. Immer griffbereit hingegen sollten Sie die Teile verstauen, die Sie täglich oder wöchentlich anziehen. Es gilt das Prinzip: Je öfter ein Stück getragen wird, desto weiter vorne liegt oder hängt es. Und vergessen Sie nicht, die Verkaufen/Verschenken-Kiste und den Müllsack sofort ins Auto zu stellen, damit Sie sie bei der nächsten Gelegenheit ihrer Bestimmung zuführen können.

4
ENTRÜMPELN DURCH SELBSTTÄUSCHUNG

Ihnen graut vor einem Entrümpelungstag oder Sie können sich einfach nicht entscheiden, welche Kleidungsstück in Ihrem Schrank bleiben dürfen? Dann müssen Sie sich eben selbst überlisten.

Projekt 333

33 Kleidungsstücke für 3 Monate, das ist die Idee hinter „Project 333“. Die Idee stammt von der US-amerikanischen Bloggerin und Autorin Courtney Carver. Sie möchte den Teilnehmern damit zeigen, wie vielfältig man sich mit wenigen Teilen kleiden kann und dass man stressfreier durch den Alltag kommt, wenn man eine kleinere Auswahl hat.

Und so geht es: Stellen Sie sich für die kommenden drei Monate eine Garderobe zusammen, die aus lediglich 33 Teilen besteht. Dazu gehören Oberbekleidungsstücke, Accessoires, Schmuck, Jacken und Schuhe. Nicht in diesen 33 Teilen inbegriffen sind Unterwäsche, Nachtwäsche,

Sportbekleidung, Hausanzüge sowie der Ehering und ein Schmuckstück, das einem sehr viel bedeutet.

Das Schwierigste an dem Projekt ist der Anfang. Es gilt, sich genau zu überlegen, welche 33 Kleidungsstücke man auswählt. Schließlich müssen Sie in diesen Teilen drei Monate lang jeden Tag verbringen. Vielseitig einsetzbare Stücke kommen hier richtig zum Einsatz. Wenn Sie sich entschieden haben, räumen Sie alle nicht benötigten Klamotten außer Sichtweite. Nur die ausgewählten Stücke dürfen im Schrank bleiben.

In Notsituationen erlaubt das Projekt auch Ausnahmen. Nehmen Sie etwa während dieses Vierteljahres stark ab oder zu, oder geht eines Ihrer auserwählten Kleidungsstücke kaputt, dürfen Sie natürlich Teile austauschen.

Nach drei Monaten fängt das Projekt von vorne an. Sie können sich also abhängig von der Jahreszeit immer wieder eine neue Garderobe zusammenstellen.

„Project 333“ soll den Teilnehmern vor allem zeigen, wie einfach es ist, mit wenig Kleidung auszukommen. Sie werden rasch merken, welche Stücke Sie behalten möchten und welche sich einfach nicht kombinieren lassen. Scheuen Sie sich nicht, während dieser drei Monate Kleidungsstücke zu entsorgen.

Das Gästezimmer als Einkaufszentrum

Eine weitere Alternative zur radikalen Entrümpelungsaktion ist die Auslagerung Ihrer Garderobe in ein leer stehendes Zimmer (beispielsweise ein Gästezimmer, falls Sie so etwas haben) oder in einen anderen Schrank. Nun dürfen Sie ein Jahr lang in Ihrer eigenen Garderobe shoppen – und das, ohne einen einzigen Cent auszugeben! Davon haben Sie bestimmt immer schon geträumt. Jedes Teil, das Sie aus dem Zimmer holen und anziehen, kommt anschließend wieder in Ihren Kleiderschrank. Nach zwölf Monaten können Sie so nicht verleugnen, welche Teile wirklich zum Einsatz kamen und für welche die nächste Station die Altkleidersammlung ist.

Jeden Tag ein Teil aussortieren

Es gibt Menschen, die mögen keine radikalen Veränderungen. Was nach Mutlosigkeit klingt ist wissenschaftlich erwiesen keine so falsche Vorgehensweise. Möchte man ein Verhalten verändern, lohnt es sich, Schritt für Schritt vorzugehen. Was sich über Monate einprägt, lässt sich später nur schwer wieder löschen. Sie möchten lernen, wie man sich leichter von überflüssigen Kleidungsstücken trennt? Dann entfernen Sie jeden Tag ein Teil aus Ihrem Schrank. Aber seien Sie konsequent. Nach einem Jahr müsste Ihr Kleiderschrank dann um 365 Teile leerer sein.

Hintergehen Sie sich aber nicht selbst. Ein Paar löchriger Socken gilt als ein Teil, auch wenn man den einen Strumpf heute und den anderen erst morgen wegwerfen könnte. Anfangs wird es Ihnen noch leicht fallen, sich von einem Teil zu trennen. Aber je näher Sie dem zwölften Monat kommen, desto länger werden Sie überlegen müssen, auf welches Stück Sie wirklich verzichten können.

5
WOHIN MIT DEN AUSSORTIERTEN KLAMOTTEN?

Jetzt stehen Sie vor einem Berg an aussortierten Kleidungsstücken und wissen nicht wohin damit. Die Teile, die wirklich nicht mehr tragbar sind, also zerschlissen, kaputt, verfärbt oder unrettbar verschmutzt, gehören in den Müll. Welche Tonne die richtige ist, sollten Sie bei Ihrem kommunalen Entsorgungsbetrieb erfragen.

Für die Teile, die noch tragbar sind, eröffnen sich mehrere Möglichkeiten:

1. Verschenken: Laden Sie Bekannte, Freunde und Verwandte ein, die in etwa dieselbe Größe haben wie Sie und am besten auch noch einen ähnlichen Geschmack, und lassen Sie sie in Ihrem abgelegten Kleiderberg stöbern. Wenn Sie die Gruppe schon beisammen haben, machen Sie aus Ihrer Verschenk-Aktion eine Party. Ermuntern Sie Ihre Gäste, ihre eigenen unerwünschten Schätze mitzubringen und tauschen Sie wild drauf los. Aber halten Sie sich zurück, Sie möchten ja schließlich den neugewonnenen Platz in Ihrem Schrank nicht sofort wieder verlieren.

2. Verkaufen: Besonders bei Designer- und Markenstücken stehen die Chancen gut, dass jemand dafür noch etwas bezahlen würde. Versuchen Sie es einfach und stellen Sie die Teile bei Ebay oder Kleiderkreisel ein. Seien Sie aber nicht zu enttäuscht wenn die Jeans, für die Sie einmal 100 Euro gezahlt haben, einem Käufer nur noch zehn Euro wert ist. Kleidung ist heute in den westlichen Industrienationen so günstig und in einer so großen Auswahl erhältlich, dass sie eigentlich kaum noch einen reellen Wert besitzt. Vergessen Sie beim Verkauf von Einzelstücken den Aufwand nicht: Fotos machen, den Gegenstand beschreiben, eventuell Fragen beantworten, Kartons besorgen, das Stück verpacken und schließlich noch der Weg zur Post nehmen viel Zeit in Anspruch. Wenn Sie das nicht scheuen, können Sie mit einem netten Sümmchen belohnt werden.

Ein wenig einfacher als der Einzelverkauf ist ein Besuch im Second-Hand-Geschäft. Erkundigen Sie sich vorher, ob dort Ware von Privatverkäufern angenommen wird. Es gibt Zeiten, in denen quellen diese Läden über vor Schuhen, Kleidung und sonstigen Dingen, die ihre Vorbesitzer nicht mehr haben wollen. Dann kann es passieren, dass der Ladeninhaber Ihre Ware nicht mehr annimmt.

Sollen schnell größere Mengen an nicht allzu hochwertiger Kleidung verkauft werden, können Sie auf Anbieter wie www.textil-ankauf.de zurückgreifen. Auf der Seite des Anbieters geben Sie ein, welche Stücke in welcher Anzahl Sie verkaufen möchten. Haben Sie einen gewissen Wert erreicht, können Sie alle Ihre Klamotten in eine Kiste packen und sie dem Anbieter zuschicken. Dieser übernimmt sogar die Versandkosten, sofern Ihre Waren ein gewisses Gewicht überschreiten. Mein Tipp: Umzugskartons eignen sich sehr gut als Verpackung. Erwarten Sie auch hier nicht zu viel. Der Anbieter finanziert sich dadurch, dass er Ihre abgelegten Stücke an Second-Hand-Läden weiterverkauft. Was für Sie bei dem

Geschäft herausspringt, ist meist nur ein Kleckerbetrag.

3. Spenden: Angesichts des Aufwands, der durch den Verkauf Ihrer abgelegten Schätze entsteht, sollten Sie sich über eine Spende wirklich Gedanken machen. In fast jeder Stadt finden Sie eine Kleiderkammer oder eine Organisation, die Altkleider annimmt und sie an Bedürftige weitergibt. Besonders Winterkleidung wird dort oft dringend benötigt. Abstand nehmen sollten Sie jedoch von Altkleidercontainern. Die Kleidung, die dort eingeworfen wird, landet nur selten bei den Menschen, die sie brauchen. Genauso verhält es sich mit Wäschekörben, die mit einem Aufruf zur Spende ungefragt vor die Haustüren gestellt werden. Erkundigen Sie sich, wem Sie Ihre Kleidung spenden, dann brauchen Sie auch kein schlechtes Gewissen haben, dass Sie so viel loswerden möchten. Gute Adressen sind immer Kleiderkammern und Sozialkaufhäuser in Ihrer Gegend. Ansonsten sind Sie bei kirchlichen Organisationen wie dem Deutschen Roten Kreuz immer richtig.

6
LIEBLINGSSTÜCKE REPARIEREN

Kleidungsstücke kann man heute oft schon für wenig Geld kaufen. Da liegt es näher, ein beschädigtes Teil zu ersetzen, anstatt es zu reparieren. Dabei lassen sich kleine Reparaturen leicht selbst durchführen. Ob Sie nun einen Knopf an Ihr Hemd annähen müssen, am Strickpulli ein Faden gezogen ist oder Ihr T-Shirt ein Loch hat – im Internet finden Sie für die meisten kleineren Reparaturen Anleitungen, oft auch als Video. Und wenn Sie mal vor einem größeren Problem stehen, gibt es sicherlich jemanden in Ihrem Bekanntenkreis, der sich mit Nadel und Faden besser auskennt als Sie und den Sie um Hilfe bitten können. Kleine Reparaturen können die Lebenszeit eines Kleidungsstückes noch um Jahre verlängern. Besonders bei Lieblingsstücken lohnt sich der Aufwand. Außerdem sparen Sie so eine ganze Menge Geld und tun der Umwelt noch etwas Gutes.

Als Nachschlagewerk empfehle ich das Buch „Hilfe! Meine Jeans hat ein Loch: Repair-Ideen für Kleiderkatastrophen/ratz-fatz Lieblingsstücke retten“ von Laura Hertel.

7
AUS ALT MACH NEU: UPCYCLING

Nicht jedes Stück, das Ihnen nicht mehr gefällt, muss in der Altkleidersammlung oder im Müll landen. Wenn es nur ein Detail ist, das Sie an einem Kleidungsstück stört, können Sie auch versuchen, dieses zu ändern. Etwas kürzer, länger, weiter oder enger zu nähen ist schnell gemacht. Auch hier gibt es genügend Anleitungsvideos im Internet.

Eine andere Möglichkeit besteht darin, alte Klamotten einem neuen Zweck zuzuführen. Klassischerweise werden aus alten Unterhemden Putzlappen. Aber es gibt noch viel mehr Ideen, was man mit aufgetragenen Jeans, Shirts, Pullovern und Co. machen kann. Wenn Sie ein T-Shirt unterhalb der Ärmel abschneiden, erhalten Sie beispielsweise einen Rundschal. Aus dem Rest können Sie Körnerkissen nähen oder Stulpen. Pullover, die man vorne in der Mitte auftrennt, werden im Handumdrehen zu Jacken. Oder Sie gestalten Kissen, Tischdecken und andere Accessoires aus schönen Textilien. Stoff auf diese Weise weiterzuverwenden nennt man das Upcyling. Darunter finden Sie ebenfalls zahlreiche Ideen und Anleitungen im

Internet.

Empfehlenswert ist hier außerdem das Buch „Mach neu aus alt: Kleidung und Accessoires“ von Henrietta Thompson.

8
DIE GARDEROBE NEU AUFBAUEN

Die Grundfarbe

Das Geheimnis einer minimalistischen Garderobe ist naturgemäß sehr simpel: Finden Sie Ihre Grundfarbe. Es sollte eine neutrale Farbe wie schwarz, braun, blau, grau, beige, khaki oder weiß sein. Wahrscheinlich hat sich beim Durchforsten Ihres Schrankes bereits gezeigt, welche Farbe dies sein könnte. Wenn Sie sich eine wirklich sehr reduzierte Garderobe wünschen, beschränken Sie sich auf eine Grundfarbe. Wünschen Sie sich hingegen mehr Abwechslung, nehmen Sie noch eine zweite Farbe hinzu. Diese sollte aber der ersten Grundfarbe ähneln. Also grau zu schwarz, khaki zu braun oder blau, weiß zu beige. Zukünftig sollten alle Ihre Basis-Kleidungsstücke einer dieser Grundfarben entsprechen. Basis-Stücke sind beispielsweise Hosen, Röcke, Jacken und Schuhe. Natürlich müssen Sie nicht ganz in schwarz oder khaki herumlaufen (es sei denn Sie sympathisieren mit der Gothic- oder Großwildjägerszene). Ergänzend zur Grundfarbe entscheiden Sie sich jetzt für ein paar Zusatzfarben. Überlegen Sie, welche Farben Ihnen stehen und besonders Ihrem Gesicht schmeicheln, denn diese Nuancen sollten Sie vorwiegend für Oberteile und Accessoires wählen.

Wenn Sie sich lieber untenrum bunt und obenrum dezent kleiden, dann drehen Sie den Spieß einfach um: Die Grundfarbe (sollte dann allerdings umso mehr Ihrem Typ entsprechen) wählen Sie für Oberteile, Ihre Akzentfarben für Hosen, Röcke, Schuhe und Accessoires. Achten Sie darauf, dass sich alle Stücke miteinander kombinieren lassen. Was nützt die schönste rote Capri-Jeans, wenn Sie sie nicht mit Ihren pinkfarbenen Lieblingspumps tragen können?

Der Plan für Ihre minimalistische Traumgarderobe steht fest. Laufen Sie trotzdem nicht gleich in das nächste Shoppingcenter, um Ihre Idee in die Realität umzusetzen. Würden Sie jetzt gleich alle Kleidungsstücke, denen Sie den Verbleib in Ihren Schrank erlaubt haben, aussortieren, weil die Farbe nicht in Ihr Konzept passt, hätten Sie den minimalistischen Grundgedanken verfehlt: Nämlich Dinge so lange wie möglich zu benutzen. Also behalten Sie Ihre Traumgarderobe im Hinterkopf, wenn Sie ein Stück ersetzen müssen. Nach und nach wird sich Ihr Kleiderschrank so mit Lieblingsstücken füllen.

Schnitte und Stoffe

Bei der Auswahl von Kleidungsstücken nehmen Sie sicherlich nicht nur Rücksicht auf die Farbe, sondern viel mehr noch auf den Schnitt, das Material und die Verarbeitung. Je eher diese Kriterien bei einem Stück Ihren Wünschen entsprechen, desto größer ist die Chance, dass Sie es lange und gerne tragen. Da Sie beim Ausmisten Ihres Kleiderschrankes alle Klamotten, insbesondere Ihre Lieblingsstücke, einmal anprobiert haben, werden Sie jetzt wissen, in welche Richtung diese Wünsche gehen. Jeder Mensch hat an seinem Körper schöne Stellen und ein paar Schwachstellen. Es lebt sich viel leichter, wenn man nicht versucht, die Schwachstellen zu optimieren, sondern stattdessen die schönen Stellen zu betonen. Welche Stellen an Ihrem Körper mögen Sie besonders? Vielleicht Ihre Schultern? Dann tragen Sie öfter schulterfreie Tops. Oder gefallen Ihnen Ihre Beine? Her mit den Röcken! Rettungsringe lassen sich hingegen gut mit an den richtigen Stellen gerafften, locker fallenden Tops ohne große Muster verstecken. Überlegen Sie, welche Details Ihnen an Ihren Lieblingsstücken besonders gefallen und suchen Sie beim nächsten Einkaufsbummel nach ähnlichen Teilen.

Bei einem Kleidungsstück, in dem man sich wohlfühlt, spielt auch das Material eine ganz große Rolle. Achten Sie auf Qualität. Nichts ist ärgerlicher als ein T-Shirt, das schon nach der dritten Wäsche seine Form verliert. Nicht weniger störend ist ein Teil, das dazu neigt, seinen Träger unangenehm riechen zu lassen, was besonders oft bei Kunstfasern der Fall ist. Auch offene Nähte, Verfärbungen, abgerissene Knöpfe oder kaputte Reißverschlüsse sind ein Ärgernis, das Sie mit einer gut überlegten Kaufentscheidung vermeiden können. Nicht alles, was teuer ist, ist auch von besonders hoher Qualität. Oft zahlt man die Marke mit. Wenn Sie eine Lieblingsmarke haben, mit der Sie bereits Erfahrung sammeln konnten, bleiben Sie dabei. Dort wissen Sie, welche Qualität Sie erwartet, dass Ihnen die Schnitte passen und wie sich die Kleidungsstücke auf lange Sicht verändern werden.

Insgesamt gilt bei jedem Neukauf: Qualität und Vielseitigkeit haben oberste Priorität. Natürlich sollte Ihnen das Kleidungsstück auch stehen und gefallen.

Outfits zusammenstellen

Beim Ausmisten haben Sie bereits darüber nachgedacht, wie Sie Ihre verbleibenden Kleidungsstücke optimal kombinieren können und was besonders gut zusammenpasst. Diesen Schritt sollten Sie gelegentlich wiederholen. Insbesondere dann, wenn Sie etwas Neues gekauft haben. Probieren Sie Ihre Anschaffung gemeinsam mit anderen Stücken an und merken Sie sich, welche Outfits dabei entstehen. Lassen Sie sich von anderen Menschen mit Stil inspirieren. Vielleicht haben Sie eine ähnliche Bluse und Hose in Ihrem Schrank, sind aber noch nie auf die Idee gekommen, sie miteinander zu kombinieren. Ob Sie sich in einem Outfit wohlfühlen merken Sie erst, wenn Sie es getragen haben (möglichst in der Öffentlichkeit). Sehen Sie Ihren Kleiderschrank als Ihr Shoppingcenter, in dem Sie immer wieder neue Kombinationsmöglichkeiten entdecken können.

Accessoires

Sie sind das Tüpfelchen auf dem i und Ihre Geheimwaffe: Accessoires. Einen minimalistischen Kleiderschrank zu haben bedeutet, dass man jedes einzelne Stück öfter trägt. Keine Angst: Das fällt bei nicht allzu auffälligen Teilen weniger auf, als man selbst befürchtet. Um ein bisschen Abwechslung in Ihre tägliche Garderobe zu bringen, sind Accessoires ideal. Sie nehmen nicht viel Platz weg, sind meistens günstiger als ein komplett neues Outfit (es sei denn Sie tragen als Schmuck nur Diamanten) und sorgen dafür, dass Sie jede Mode mitmachen können. Ein Accessoire kann Ihren ganzen Stil definieren. Tragen Sie vielleicht eine auffällige Brille, dann haben Sie damit bereits einen Wiedererkennungswert geschaffen. Vielleicht möchten Sie aber auch die Frau sein, die für ihre bunten Perlenketten, ihren weißen Seidenschal oder die fantasievollen Haarklammern bekannt ist? Auch Männer sollten öfter Mut zum Auffallen zeigen: Besondere Krawatten, eine auffällige Armbanduhr oder eine ungewöhnliche Frisur sorgen dafür, dass man Sie nicht so schnell vergisst.

Jede Saison wirft die Kleiderindustrie neue Massenware

auf den Markt, die dem aktuellen Trend entspricht. Einiges davon ist so extrem, dass man es wirklich nur ein Jahr lang anziehen kann. Im nächsten Jahr wartet bereits ein ganz neuer Trend. Wenn Sie jedem Modetrend folgen, geben Sie nicht nur sehr viel überflüssiges Geld aus, Sie werden auch nie Ihren eigenen Stil finden und ertrinken außerdem bald im Inhalt Ihres Kleiderschrankes. Investieren Sie Ihr Geld lieber in zeitlose Kleidungsstücke, die Ihren Stil unterstreichen. Sagt Ihnen ein Trend doch einmal besonders zu, dann können Sie ihm auch mithilfe von Accessoires folgen.

Schuhe: Passt nicht, gibt's nicht!

Ein besonderes Augenmerk sollten Sie auf die Auswahl Ihres Schuhwerkes legen. Denn kaum ein Kleidungsstück wird so sehr beansprucht. Dabei sollten Ihre Schuhe vor allem ein Kriterium erfüllen: Sie müssen passen und dürfen keine Schmerzen verursachen.

Neben dem Anlass spielt auch das Wetter eine Rolle bei der Schuhwahl. Im Winter brauchen Sie warme Schuhe mit einer rutschfesten Sohle. Im Sommer sollten sie natürlich etwas luftiger sein. Für die Übergangszeit im Frühjahr und Herbst können Sie meistens dieselben Schuhe tragen.

Je vielfältiger ein Schuhpaar einsetzbar ist, desto eher sollten Sie sich dafür entscheiden. Dezente Exemplare lassen sich generell besser kombinieren als Schuhe mit auffälligen Mustern oder Formen. Achten Sie auch hier auf Qualität.

Hier ein paar Beispiele: Gut sitzende, dezente Ballerinas kann man die meiste Zeit des Jahres tragen. Sie lassen sich mit Hosen und Röcken kombinieren, man kann in ihnen einige Meter zurücklegen, dennoch sind sie schick genug für das Büro. Im Winter tauschen Sie die Ballerinas gegen unifarbene Winterstiefel. Dunkle, schlichte Joggingschuhe können Sie auch in Ihrer Freizeit tragen. Viele Menschen tragen im Sommer Flipflops, die auch mal nass werden können. So sparen Sie sich ein Paar Sandalen.

Alles dabei: Die richtige Tasche

Für Handtaschen gilt dasselbe wie für Schuhe: Vielseitigkeit, Qualität und Schlichtheit sind entscheidend. Sie brauchen nicht für jeden Anlass und für jedes Kleid die passende Tasche. Suchen Sie lieber nach einer Tasche, die zu allem passt. Überlegen Sie, welchen Platzbedarf Sie haben. Tagsüber müssen Sie vielleicht viele Dinge mit sich herumschleppen, wenn Sie ausgehen benötigen Sie aber nur eine Handvoll Gegenstände. In diesem Fall brauchen Sie mindestens zwei Taschen in verschiedenen Größen. Allerdings bieten viele Designer mittlerweile Clutches an, die sich auch als Portemonnaie verwenden lassen. In einer großen, unempfindlichen Alltagstasche fühlen sich auch Schwimm- oder Sportsachen wohl. Und vielleicht ersetzt sie bei einem Wochenendtrip sogar den Koffer.

Bevor Sie eine Tasche weggeben oder kaufen, informieren Sie sich also genau, für welche Zwecke sie sich eignet.

An auffälligen Taschen sieht man sich schnell satt, auch wenn sie einem im ersten Moment gefallen haben. Deshalb sollten Sie dezente, hochwertige Modelle allzu modischen Taschen vorziehen. Letztlich sollte Ihre Handtasche aber Ihrem Geschmack entsprechen.

9
ORDNUNG HALTEN IM KLEIDERSCHRANK

Wie fühlen Sie sich, wenn Sie jetzt in Ihren Kleiderschrank blicken? Glücklich? Erleichtert? Stolz? Damit sich die momentane Ordnung in ein paar Wochen nicht wieder in Chaos verwandelt, beachten Sie diese einfachen Ratschläge.

1. Setzen Sie sich ein Limit: Das beste Limit ist die Größe Ihres Schrankes. Alles, was dort keinen Platz findet, ist überflüssig. Das bedeutet, dass Sie keine Kleidungsstücke dauerhaft in Kommoden oder andere Räume auslagern sollten. In Ihrem Schrank hat außerdem jedes Stück seinen Platz. Wenn das Fach für die T-Shirts überquillt ist das ein untrügliches Zeichen dafür, dass Sie hier ausmisten müssen oder zumindest beim Shoppen einen Bogen um Shirts machen sollten. Limits helfen, die Übersicht zu behalten und das eigene Verhalten zu kontrollieren. Es ist das beste Mittel gegen Maßlosigkeit und ein hilfreiches Werkzeug, um Nützliches von Überflüssigem zu trennen.

2. One in, one out: Wenn Sie ein neues

Kleidungsstück kaufen, geben Sie dafür ein anderes ab. Im Idealfall sollte dieses ein Stück derselben Kategorie sein, also neue Jeans gegen alte Jeans, neuer Pullover gegen alten Pullover. Möglicherweise besitzen Sie aber auch mehr Jeans, als Sie brauchen, dafür aber zu wenige Röcke. Dann dürfen Sie auch gerne einmal einen neuen Rock gegen eine alte Jeans tauschen.

3. Jedes Teil an seinen Platz: Gewöhnen Sie sich an, Kleidung, Schuhe und Co. immer nur an ihrem Platz aufzubewahren. Das gilt auch für getragene Kleidung: Entweder wandert sie in die Schmutzwäsche oder wieder zurück in den Schrank. Verbannen Sie alle Zwischenlagerlösungen wie Stühle oder Herrendiener aus Ihrer Wohnung.

4. Misten Sie weiter aus: Es wird immer wieder Teile in Ihrer Garderobe geben, die Sie nicht mehr tragen und die daher überflüssig werden. Bleiben Sie also dran, misten Sie weiter aus. Vielleicht machen Sie es sich zur Gewohnheit, jeden Monat, jede Woche oder sogar jeden Tag ein Teil aus Ihrem Besitz zu verbannen. Dieser kleine Wettbewerb gegen sich selbst kann wirklich Spaß machen.

10
EINKAUFSVERHALTEN IN DER ZUKUNFT

Endlich hängen in Ihrem Kleiderschrank nur noch Stücke, die Sie gerne tragen, die Ihnen stehen und die sich problemlos miteinander kombinieren lassen. Sie haben sich von allen überflüssigen Schuhen, Schmuckstücken, Taschen und Accessoires getrennt. Sie sind erstaunt über den Platz, den Sie durch Ihre Aktion gewonnen haben. Kein Stopfen mehr, kein Auslagern in den Keller, wenn die Schranktüren sich nicht mehr schließen lassen. Herzlichen Glückwunsch! Sie haben den ersten Schritt erfolgreich hinter sich gebracht.

Den ersten Schritt? Natürlich. Mit der Vereinfachung ist es wie mit der Gewichtsreduktion: Man nimmt nicht zwischen Weihnachten und Neujahr zu, sondern zwischen Neujahr und Weihnachten. Die Fünf-Tage-Wunderdiät bringt nichts, wenn Sie danach wieder in alte Gewohnheiten zurückfallen. Also prägen Sie sich das Bild Ihres herrlich leeren, aufgeräumten Kleiderschrankes gut ein. Daran können Sie sich in schwierigen Situationen erinnern.

Allerdings muss es gar nicht wieder so weit kommen, dass Sie unter Bergen ungeliebter Kleidungsstücke ersticken. Sie müssen nur ein paar einfache Regeln befolgen.

1. Meiden Sie Shoppingtouren: Klingt logisch, oder? Wer sich nicht der Versuchung aussetzt, muss ihr nicht wiederstehen. Gehen Sie künftig nur noch einkaufen, wenn Sie wissen, was Sie kaufen möchten. Shoppen zum Spaß sollten Sie durch andere Aktivitäten ersetzen. Schlagen Sie Ihren Freundinnen stattdessen einen Besuch im Kino, im Schwimmbad oder im Restaurant vor. Oder probieren Sie etwas aus, was Sie schon immer einmal machen wollten. Sie werden durch Ihren Shoppingverzicht so viel Geld sparen, dass Sie sich zukünftig auch ungewöhnliche Ausflüge locker leisten können.

2. Keine Spontankäufe mehr: Da Sie nicht mehr Shoppen gehen, sollten sich auch die Spontankäufe verringern. Aber noch immer gibt es zahlreiche Möglichkeiten, unüberlegt Geld auszugeben. Ein Klick in Ihrem Lieblings-Onlineshop genügt. Da hilft nur ein besonders raffinierter Trick: Setzen Sie Dinge, von denen Sie meinen, dass Sie sie unbedingt brauchen, auf eine Liste. Legen Sie die Liste einen Monat lang zur Seite. Wenn der Wunsch dann noch immer so stark ist, kaufen Sie den Gegenstand. Sie werden sehen, dass sich viele Sehnsüchte nach 30 Tagen in Luft aufgelöst haben. Die Konsumindustrie nutzt die Lust am Spontankauf übrigens gezielt aus. Mit Sonderangeboten oder limitierten Vorräten will sie Ihnen vorgaukeln, dass Sie ganz schnell zugreifen müssen, da sonst für Sie ein Nachteil entsteht. Das überzeugt viele Menschen, stimmt aber nicht. Kaum einen Gegenstand gibt es nur bei einem Anbieter zu kaufen. Und auch der Preis ist selten der niedrigste.

3. Qualität vor Quantität: T-Shirts für drei Euro, Stiefeletten für 10 und der Zehnerpack Socken für fünf Euro – jeder vernünftige Mensch kann sich denken, dass diese Produkte weder unter fairen Arbeitsbedingungen hergestellt werden, noch dass sie lange halten. Allerdings trifft dies auch auf teure Markenartikel zu. Um herauszufinden, welche Modelabels sowohl hochwertige als auch fair produzierte Kleidungsstücke anbieten, lohnt sich ein Blick ins Internet. Vielleicht besitzen Sie aber auch schon Stücke, die nach Jahren noch immer wie neu aussehen. Greifen Sie lieber auf Ihnen bekannte Marken zurück, als sich von günstigen Angeboten blenden zu lassen.

4. Laufen Sie nicht jedem Trend nach: Suchen Sie sich lieber Ihren eigenen Stil und tragen Sie die Dinge, die Ihnen stehen und in denen Sie sich wohlfühlen. Übrigens sieht kaum ein Frauenbein in Skinny Jeans gut aus. Trotzdem sieht man diese Hosen seit Jahren auf jeder Straße. Mode macht eben nicht automatisch schön.

5. Kaufen Sie Second-Hand: Hochwertige Kleidungsstücke haben Ihren Preis. Der fällt jedoch sehr viel günstiger aus, wenn Sie die Teile gebraucht kaufen. So verhindern Sie, dass ein weiteres Teil sinnlos im Müll landet.

6. Reinhungern funktioniert nicht: Das enge schwarze Abendkleid würde Ihnen so gut stehen, wenn Sie nur fünf Kilo weniger wiegen würden! „Dann halte ich eben ein wenig Diät und bis zur Party passe ich da rein", denken Sie sich vielleicht. Fallen Sie nicht auf Ihre eigenen Vorsätze herein. So ein Ziel kann ein Ansporn sein, aber es kann auch ganz schön frustrieren, wenn die fünf Kilo Sie daran hindern, das Kleid schließlich wirklich zu tragen. Kaufen Sie nur Kleidung, die Ihnen jetzt passt. Wenn Sie dann wirklich abnehmen hat das Gefühl, dass die Hose schlabbert, auch seinen Reiz.

7. Würde ich das auch zuhause tragen? Im Urlaub fühlt man sich wie neugeboren. Das angenehme Klima (sofern Sie nicht gerade nach Grönland reisen), die Entspannung, die vielen fremden Menschen und neuen Eindrücke! Im besten Fall hat man die Hemmungen Zuhause gelassen. Daher traut man sich plötzlich auch modisch Dinge zu, die man sonst weit von sich gewiesen hätte. Pareos sind so ein Fall. Und Sonnenhüte. Bevor Sie sich am Urlaubsort mit bunten Flatterröcken, Hotpants und auffälligen Sonnenbrillen eindecken, überlegen Sie genau, ob Sie diese Dinge auch noch im Alltag anziehen werden. Wenn nicht, lassen Sie sie lieber dort, wo sie sind. Beschränken Sie sich stattdessen auf ein oder zwei Kleidungsstücke und wenige Accessoires, die für Sie Urlaub signalisieren. Kombinieren Sie diese mit ihren Alltagskleidern. Etwa den Sommerrock mit einem weißen T-Shirt oder die geknotete Bluse mit einer normalen Jeans. Packen Sie Ihre Urlaubskleider immer ein, wenn Sie den Inhalt Ihres Koffers planen. So kommen Sie nicht in Versuchung, sich am Urlaubsort neu einzudecken.

8. Leihen statt kaufen: Ebenso wie Autos, Werkzeug, Bücher oder Wohnungen kann man sich auch Kleidung leihen. Das lohnt sich besonders für seltene Anlässe, etwa eine Hochzeit, zu der Sie ein Abendkleid oder einen Anzug benötigen. Adressen dazu finden Sie im Internet.

11
ZUM SCHLUSS

Alle diese Techniken und Ratschläge sollen nur Richtlinien sein, wie Sie Ihre Garderobe vereinfachen können. Letztlich kann Ihnen niemand vorschreiben, wie viele Paar Schuhe Sie besitzen dürfen oder welche Farbe Ihre Hosen haben sollen. Mode ist ein Ausdruck der Persönlichkeit. Suchen Sie nach Ihrem Stil und experimentieren Sie, auch wenn Sie dann irgendwann erneut ausmisten müssen. Das Wichtigste ist, dass Sie sich in Ihren Kleidern wohlfühlen und Sie selbst sein können.

Sehen Sie die Tipps in diesem Buch lieber als Anregung, gewisse Gewohnheiten und Denkweisen aufzubrechen und neu zu definieren: Es muss nicht für jeden Anlass ein neues Kleid her und es wird Sie niemand komisch ansehen, wenn Sie einmal zwei Tage hintereinander dieselbe Hose tragen. Sie müssen außerdem nicht jeden Modetrend mitmachen, um sich gut gekleidet zu fühlen. Nicht zuletzt fände ich es schön, wenn Sie die Kleidung, die Sie kaufen und tragen, hinterfragen. Für unseren Komfort leiden in anderen Ländern Menschen unter unwürdigen Arbeitsbedingungen. Und es liegt allein in der Macht des Konsumenten, dies mit seinem Einkaufsverhalten zu ändern.

Ihre Belohnung für die Veränderung wird das gute Gefühl sein, dass Sie der Herr über Ihren Kleiderschrank sind und dass Sie kein Geld für unnötige Kleidung ausgegeben haben. Außerdem werden Sie sich immer perfekt gekleidet und wohl in Ihrer Haut fühlen.

WEITERE BÜCHER DER AUTORIN

Minimalismus auf dem Schreibtisch

Effektiver arbeiten durch mehr Ordnung im Büro

Auf Ihrem Schreibtisch stapeln sich die Papierberge? Über Ihre E-Mails haben Sie längst den Überblick verloren? Sie sehen vor lauter unerledigter Aufgaben den Feierabend nicht? Machen Sie Schluss mit der Unordnung in Ihrem Büro und in Ihrem Kalender! Dieses Buch gibt Ihnen Tipps, wie Sie lernen, sich auf das Wesentliche zu konzentrieren – sowohl was Ihre Büroausstattung angeht als auch Ihre Verpflichtungen und Aufgaben. Schaffen Sie Ordnung in Ihrem Arbeitsumfeld und in Ihrem Kopf, erledigen Sie Ihre Aufgaben effizient und gewinnen Sie so mehr Zeit für sich.

100 Tipps, die das Leben einfacher machen

Wir leben in einer Welt des Überflusses. Es gibt von allem zu viel. Zu viele Konsumgüter, zu viele Anforderungen, zu viele Informationen, zu viele Termine. Nur Zeit haben wir nie genug.

In einer Welt, die immer komplizierter wird, sehnen sich viele Menschen nach Einfachheit. Manche ziehen auf einen Bergbauernhof, andere in ein Kloster, aber die meisten beißen die Zähne zusammen und machen einfach weiter wie zuvor. Dabei ist es ganz einfach, sein Leben zu vereinfachen. In diesem Buch finden Sie dazu 100 Tipps und Denkanstöße, die sich leicht in Ihren Alltag integrieren lassen.

Das Buch soll Sie dazu ermutigen, zunächst einmal Ihre Einstellung zu den wesentlichen Dingen des täglichen Lebens zu verändern. Entwickeln Sie ein neues Gefühl für Wert, lernen Sie, wann genug wirklich genug ist. Finden Sie heraus, was wirklich wichtig für Sie ist.

66 Upcycling-Projekte mit Papier, Pappe und Karton

Der Gang zum Altpapiercontainer, ein ständiges Übel. Dabei fragt man sich immer wieder: Muss das eigentlich sein? Gibt es keine Möglichkeit altes Papier weiter zu verwerten? Doch, die gibt es. „Upcycling" heißt das Zauberwort. Mach neu aus alt! Dieses Buch zeigt, was für schöne und nützliche Dinge man aus vermeintlichem Abfall herstellen kann. In diesem Ratgeber finden Sie Upcycling-Ideen für die gängigsten Materialien aus Papier, Pappe und Karton, die zumeist im Müll landen: Klopapierrollen, Zeitungen und Zeitschriften, Pappe und Kartons, Bücher, Druckerpapier, Eierkartons, Briefmarken, Chipsdosen und Getränkekartons.

Upcycling spart Geld, macht Spaß und hilft dabei, Abfall zu vermeiden. Die meisten Ideen in diesem Buch sind einfach umzusetzen und daher auch für Ungeübte und Kinder geeignet. Ergänzt werden die Beschreibungen durch aussagekräftige Illustrationen.

66 Upcycling-Projekte mit Plastik, Glas und Metall

Die Dinge des Alltags kommen meistens verpackt zu uns: Eingewickelt in Plastik, geschützt durch Glas oder auf ewig haltbar gemacht in einer Konservendose. Am Ende landen alle diese Verpackungsmaterialien auf dem Müll. Aber das muss nicht sein! In diesem Buch finden Sie 66 leicht verständliche Anleitungen für Upcycling-Projekte mit Plastik, Glas und Metall. So verwandeln Sie Ihren Müll spielend einfach in praktische Gebrauchsgegenstände, hübsche Accessoires oder günstige Wohnungsdekorationen.

Frida Braun ✓

Rene Sydow

Denis Witther ✓

KaraSol

6401631R00027

Printed in Germany
by Amazon Distribution
GmbH, Leipzig